Carolin Kautza

Integrationsfunktionen von Mentoring- und Patenschaftsprojekten für Kinder mit Migrationshintergrund

Bachelor + Master
Publishing

Kautza, Carolin: Integrationsfunktionen von Mentoring- und Patenschaftsprojekten für Kinder mit Migrationshintergrund, Hamburg, Diplomica Verlag GmbH 2013

Originaltitel der Abschlussarbeit: Die Funktionen ausgewählter Mentoring- und Patenschaftsprojekte für Kinder und Jugendliche mit Migrationshintergrund

ISBN: 978-3-95549-010-2
Druck: Bachelor + Master Publishing, ein Imprint der Diplomica® Verlag GmbH, Hamburg, 2013
Zugl. Freie Universität Berlin, Berlin, Deutschland, Bachelorarbeit, August 2010

Bibliografische Information der Deutschen Nationalbibliothek:
Die Deutsche Nationalbibliothek verzeichnet diese Publikation in der Deutschen Nationalbibliografie; detaillierte bibliografische Daten sind im Internet über http://dnb.d-nb.de abrufbar.

Die digitale Ausgabe (eBook-Ausgabe) dieses Titels trägt die ISBN 978-3-95549-510-7 und kann über den Handel oder den Verlag bezogen werden.

Dieses Werk ist urheberrechtlich geschützt. Die dadurch begründeten Rechte, insbesondere die der Übersetzung, des Nachdrucks, des Vortrags, der Entnahme von Abbildungen und Tabellen, der Funksendung, der Mikroverfilmung oder der Vervielfältigung auf anderen Wegen und der Speicherung in Datenverarbeitungsanlagen, bleiben, auch bei nur auszugsweiser Verwertung, vorbehalten. Eine Vervielfältigung dieses Werkes oder von Teilen dieses Werkes ist auch im Einzelfall nur in den Grenzen der gesetzlichen Bestimmungen des Urheberrechtsgesetzes der Bundesrepublik Deutschland in der jeweils geltenden Fassung zulässig. Sie ist grundsätzlich vergütungspflichtig. Zuwiderhandlungen unterliegen den Strafbestimmungen des Urheberrechtes.

Die Wiedergabe von Gebrauchsnamen, Handelsnamen, Warenbezeichnungen usw. in diesem Werk berechtigt auch ohne besondere Kennzeichnung nicht zu der Annahme, dass solche Namen im Sinne der Warenzeichen- und Markenschutz-Gesetzgebung als frei zu betrachten wären und daher von jedermann benutzt werden dürften.

Die Informationen in diesem Werk wurden mit Sorgfalt erarbeitet. Dennoch können Fehler nicht vollständig ausgeschlossen werden, und die Diplomarbeiten Agentur, die Autoren oder Übersetzer übernehmen keine juristische Verantwortung oder irgendeine Haftung für evtl. verbliebene fehlerhafte Angaben und deren Folgen.

© Bachelor + Master Publishing, ein Imprint der Diplomica® Verlag GmbH
http://www.diplom.de, Hamburg 2013
Printed in Germany

Inhaltsverzeichnis

1	**Einleitung**	**1**
2	**Definitionen und Begriffe**	**3**
2.1	Patenschaft	3
2.2	Mentoring	4
2.3	Migration	6
2.4	Integration	7
3	**Handlungsfelder von Integration**	**9**
3.1	Handlungsfeld Sprache	9
3.2	Handlungsfeld Bildung	10
3.3	Handlungsfeld Beruf	11
3.4	Handlungsfeld Gesellschaft	12
3.4.1	Integration vor Ort	12
3.4.2	Die kulturelle Integration	13
3.4.3	Gleichstellung zwischen Männern und Frauen	14
3.5	Bürgerliches Engagement	15
4	**Analyse**	**16**
4.1	Patenschaftsprojekte für Kinder	17
4.1.1	Bildungspatenschaften	17
4.1.1.1	Bildungspatenschaft „Bildung für alle!"	17
4.1.1.2	Mentoren- und Stipendienprojekt „Ağabey – Abla"	19
4.1.2	Lesepatenschaften	21
4.1.2.1	Leseprojekt „LiA – Lesen in Altona"	21
4.1.2.2	Integrationsprojekt „MärchenKinder"	23
4.2	Mentoringprojekte für Jugendliche	24
4.2.1	Mentoringprojekt „Hürdenspringer"	25
4.2.2	Mentoringprojekt „Neue Wege in den Beruf"	27
4.3	Zusammenfassende Betrachtung der Analyse	28
5	**Fazit**	**31**
	Literaturverzeichnis	**33**

Abbildungsverzeichnis

Abb. 1 – Bevölkerung unter 25 Jahre nach Migrationshintergrund und Migrationstypen (2005) 7

Tabellenverzeichnis

Tab. 1 – Übersicht der untersuchten Projekte bezüglich der jeweils verfolgten Handlungsfelder 30

1 Einleitung

Heutzutage leben circa 15 Millionen Menschen mit Migrationshintergrund in Deutschland. Menschen mit Migrationshintergrund stellen somit fast 20 Prozent der Gesamtbevölkerung in Deutschland dar. In diesem Zusammenhang muss die Integration von Menschen mit Zuwanderungshintergrund als eine Schlüsselfunktion wahrgenommen werden.[1] Obwohl seit dem Anwerben von Gastarbeitern bereits mehr als 50 Jahre vergangen sind, wird in Deutschland erst seit einigen Jahren darüber nachgedacht, wie die gesellschaftliche Integration von Menschen mit Zuwanderungshintergrund gefördert werden kann.[2] So wurde am ersten Januar 2005 ein Zuwanderungsgesetz verabschiedet, in dem Deutschland die Integration von Menschen mit Migrationshintergrund erstmalig als eine staatliche Aufgabe versteht.[3] Das heißt jedoch nicht, dass für die Förderung des Integrationsprozesses ausschließlich der Staat verantwortlich ist.[4] Die Gesellschaft selbst muss aktiv werden und auf diese Weise ihren Beitrag zur Integration leisten. Eine Möglichkeit der gesellschaftlichen Mitgestaltung im Bereich Integration stellen Mentoring- und Patenschaftsprojekte für Menschen mit Migrationshintergrund dar.[5] Hierbei nimmt die Förderung der Integration von Kindern und Jugendlichen mit Zuwanderungsgeschichte hinsichtlich der Tatsache, dass die Bevölkerung unter 25 Jahre mit Migrationshintergrund die einzige wachsende Bevölkerungsgruppe in Deutschland ist, eine bedeutsame Rolle ein.[6]

In der vorliegenden Arbeit soll es um die Frage gehen, ob und inwiefern Patenschafts- und Mentoringprojekte für Kinder und Jugendliche mit Migrationshintergrund ihrer Integrationsfunktion gerecht werden. Es wird daher untersucht, in welchen Bereichen diese Patenschafts- bzw. Mentoringprojekte den Integrationsprozess fördern. Bevor jedoch die Analyse ausgewählter Patenschafts- und Mentoringprojekte für Kinder und Jugendliche mit Zuwanderungsgeschichte erfolgt (s. Kapitel 4), werden zuvor Begriffe dieser Thematik erläutert (s. Kapitel

---

[1] Vgl. Bundesamt für Migration und Flüchtlinge / Stiftung Bürger für Bürger 2009, S. 6.
[2] Vgl. Büttner, Christian / Kohte-Meyer, Irmhild 2002, S. 1.
[3] Vgl. Alborino 2008, S. 9.
[4] Vgl. Die Beauftragte der Bundesregierung für Migration, Flüchtlinge und Integration 2009³, S. 5.
[5] Vgl. Zwania 2008, S. 11.
[6] Vgl. Steinbach 2009. S. 12.

2) und darüber hinaus die Handlungsfelder von Integration detailliert dargelegt, weil sie die Grundlage für die Analyse dieser Arbeit bilden (s. Kapitel 3). Abschließend erfolgt im Fazit ein Resümee der Arbeit (Vgl. Kapitel 5).

2 Definitionen und Begriffe

In diesem Kapitel werden Begriffe erklärt, die für die vorliegende Arbeit von zentraler Bedeutung sind und somit zu einem besseren Verständnis dieser Thematik beitragen.

2.1 Patenschaft

Der Begriff „Pate" hat seinen Ursprung in der Religion. Er ist zurückzuführen auf die lateinische Bezeichnung „pater spiritualis", welches im Deutschen übersetzt „geistlicher Vater" heißt.[7] Der „geistliche Vater" agiert hierbei als ein „Mit-Vater". Der Pate ist insofern ein „Mit-Vater", indem er sich ebenso um das Kind kümmert und es auf diese Weise miterzieht. Er stellt demzufolge eine zusätzliche Hilfe für die Eltern des Kindes dar. Die traditionsreichste und somit wohl bekannteste Patenschaft stellt die Taufpatenschaft dar, die im kirchlichen Rahmen entsteht. Die Familie des Patenkindes möchte auf diesem Wege eine möglichst enge Verbindung zwischen sich und dem Paten aufbauen. Diese enge Verbindung hat den Zweck, dass im Falle eines Notfalles die Versorgung für das Patenkind durch den Paten garantiert werden kann. In diesem Zusammenhang kann eine Patenschaft als eine Übernahme der Fürsorgepflicht verstanden werden.[8]

Im Verlauf des 20.Jahrhunderts wurde schließlich der Begriff „Patenschaft" auf den gesellschaftlichen Rahmen des öffentlichen Lebens ausgeweitet und dementsprechend nicht mehr ausschließlich im religiösen Bereich genutzt.[9] Mit der Ausweitung auf das gesellschaftliche Leben hat sich auch die Bedeutung der Bezeichnung Patenschaft verändert. Eine Patenschaft wird nun nicht mehr als eine Pflicht angesehen, sondern vielmehr als eine freiwillige, langanhaltende Beziehung im privaten Bereich, die aus einer älteren und einer jüngeren Person besteht. Der Pate[10], die ältere, erfahrenere Person, unterstützt und begleitet sein

---

[7] Vgl. Naujok 2008, S. 139.

[8] Vgl. Regionale Servicestelle Berlin der Aktion zusammen wachsen / Bundesarbeitsgemeinschaft der Freiwilligenagenturen 2010, S. 10.

[9] Vgl. Zwania 2008, S. 17.

[10] Im Folgenden wird aus Gründen der besseren Lesbarkeit die maskuline Form der themenspezfischen Substantive, wie Paten, Mentoren, Migranten usw. verwendet. Dabei meint diese stets die feminine Form in gleicher Weise.

Patenkind, die jüngere Person.[11] Das Patenkind ist hierbei meist tatsächlich noch ein Kind oder ein Heranwachsender.

Heutzutage umfasst die Bezeichnung „Patenschaft" vielfältige Bedeutungen, weil es für ganz verschiedene Bereiche angewandt wird. Das heißt, dass es im kulturellen Bereich beispielsweise Städte- und Namenspatenschaften oder im Umweltbereich finanzielle Patenschaften, etwa für den Artenschutz bestimmter Tiere, gibt. Darüber hinaus kann im humanitären Bereich prinzipiell zwischen zwei verschiedene Patenschaftformen unterschieden werden. Auf der einen Seite gibt es internationale Patenschaften, in der eine Person eines wohlsituierteren Landes eine Person aus einem ärmeren Land überwiegend monetär hilft. Auf der anderen Seite gibt es Patenschaften, die vor Ort stattfinden, bei denen ehrenamtliche Paten ihr Patenkind regelmäßig und vielseitig in unmittelbarer Umgebung unterstützen. Zu den örtlichen Patenschaften gehören unter anderem Familienpatenschaften, Lesepatenschaften, aber auch Bildungspatenschaften.[12]

2.2 MENTORING

In den USA und in Großbritannien hat Mentoring eine lange Tradition. Seit 1970 wird Mentoring im angelsächsischen Raum für die Vorbereitung und Begleitung von Führungskräften und zur Unterstützung von Frauen und sozial benachteiligten Gruppen durchgeführt.[13] In diesem Zusammenhang erstaunt es nicht, dass circa drei Millionen junge US-Amerikaner einen Mentor haben.[14] Im Gegensatz zu den USA und zu Großbritannien, hat sich das Mentoring-Konzept in Deutschland erst in den letzten zehn Jahren etabliert und wird hierzulande vornehmlich für die Gleichstellung, Chancengleichheit und für die Begleitung von Jugendlichen im Übergang von der Schule in den Beruf eingesetzt.[15]

Die klassische Form des Mentoring stellt die one-to-one-Beziehung dar, die aus einem Mentor, eine erfahrene, kompetente und meist ältere Person, und einem

---

[11] Vgl. Die Beauftragte der Bundesregierung für Migration, Flüchtlinge und Integration 2009³, S. 9; Naujok 2008, S. 140.

[12] Vgl. Esch 2008, S. 89f.

[13] Vgl. Kruse 2007, S. 151.

[14] Vgl. Becker /Schüler 2007, S. 1.

[15] Vgl. Kruse 2007, S. 151.

Mentee, einer jüngeren Person, besteht. Neben der one-to-one-Beziehung, die des Öfteren auch als Tandem bezeichnet wird, gibt es noch weitere Formen des Mentoring. Dazu zählen beispielsweise das Gruppenmentoring, welches aus einem Mentor mit mehreren Mentees besteht und das vernetzte Mentoring, in dem der Mentee, je nach Anliegen, aus mehreren Mentoren einen Mentor auswählt.[16]

Der Begriff „Mentor" stammt aus der griechischen Mythologie. In Homers Epos wird in Odysseus' Abwesenheit sein Sohn Telemach von dem Gelehrten Mentor erzogen, beraten und unterrichtet. Der Name aus der griechischen Antike wird so zu einer Bezeichnung für eine geschätzte und gebildete Person, die seinen jüngeren, weniger erfahrenen „Schützling" für einen begrenzten Zeitraum begleitet und unterstützt.[17] Der Mentor übernimmt auf diese Weise eine Verantwortungsrolle, weil dieser seinen Mentee jenseits von Familie und Schule ergänzend hilft und somit zur Entwicklung von Kompetenzen und einer Persönlichkeit bei seinem Mentee beiträgt.[18] Zusammenfassend kann Mentoring demzufolge als eine spezielle Form der Patenschaft beschrieben werden bei dem der Mentor ehrenamtlich, das heißt ohne Bezahlung, „Zeit, Know-How und Anstrengung in das Wachstum, Wissen und die Fähigkeiten [...] (des Mentees) investiert"[19].

Abschließend muss noch erwähnt werden, dass die Begriffe Patenschaft und Mentoring in der Literatur gleichbedeutend verwendet werden, obwohl sie eigentlich jeweils eine andere Intention beinhalten.[20] Während eine Patenschaft eher eine persönliche Beziehung zwischen einem Erwachsenen und einem jüngeren Kind darstellt (Vgl. Kapitel 2.1), steht beim Mentoring der professionelle Aspekt im Vordergrund, indem oftmals bestimmte Ziele verfolgt werden, wie beispielsweise das Ziel bessere Schulnoten zu bekommen.[21]

---

[16] Vgl. Ehlers 2007, S. 22; Naujok 2008, S. 139.

[17] Vgl. Ehlers 2007, S. 20f.

[18] Vgl. Becker / Schüler 2007, S.1; Ehlers 2007, S. 32.

[19] Kruse 2007, S. 154.

[20] Vgl. Die Beauftragte der Bundesregierung für Migration, Flüchtlinge und Integration 2009³, S.8.

[21] Vgl. Regionale Servicestelle Berlin der Aktion zusammen wachsen / Bundesarbeitsgemeinschaft der Freiwilligenagenturen (bagfa) e.V. 2010, S. 10.

2.3 MIGRATION

Die Bezeichnung „Migration" hat seine Herkunft vom lateinischen Wort „migratio" und kann mit (Aus-)Wanderung übersetzt werden.[22] Demzufolge wird Migration als „den auf Dauer angelegten bzw. dauerhaft werdenden Wechsel in eine andere Gesellschaft, bzw. in eine andere Region von einzelnen oder mehreren Menschen"[23] definiert.

In Deutschland können auch Menschen, die im Besitz einer deutschen Staatsbürgerschaft sind, Menschen mit Migrationshintergrund sein. Als „Menschen mit Migrationshintergrund" werden in Deutschland nicht nur alle Zugewanderten seit 1950 bezeichnet, sondern auch Ausländer, die in Deutschland geboren wurden sowie Deutsche, die einen zugewanderten oder nicht-deutschen Elternteil haben.[24] Laut des Mikrozensus[25] von 2005 nehmen die Personen mit Migrationshintergrund mit 18,6 Prozent, welches 15,2 Millionen Menschen entspricht, fast ein Fünftel der Gesamtbevölkerung in Deutschland ein.

Die folgende Abbildung zeigt, in welchem Prozentsatz der jeweilige Migrationstyp bei der Bevölkerung unter 25 Jahre mit Migrationshintergrund vertreten ist. Es kann aus der Abbildung entnommen werden, dass der Anteil der Bevölkerung unter 25 Jahre mit Migrationshintergrund 27,2 Prozent beträgt. Das bedeutet wiederum, dass jeder Vierte in Deutschland von der Bevölkerung unter 25 Jahre einen Migrationshintergrund hat. Angesichts der Tatsache, dass es sich hierbei um die zukünftige Elterngeneration handelt, wird der Anteil der Menschen mit Migrationshintergrund in Deutschland zukünftig weiter ansteigen.[26]

---

[22] Vgl. Steinbach 2009, S. 21.

[23] Steinbach 2009, S. 21.

[24] Vgl. Lange 2009, S. 163f.

[25] Der Mikrozensus stellt eine amtliche Repräsentativstatistik über die Bevölkerung und den Arbeitsmarkt in Deutschland dar. An der Erhebung nimmt jährlich ein Prozent aller Haushalte in Deutschland teil. Ein Prozent der Haushalte umfasst 390 000 Haushalte mit 830 000 Personen. Vgl. http://www.destatis.de/jetspeed/portal/cms/Sites/destatis/ Internet/DE/ Content/Wissenschaftsforum/MethodenVerfahren/Mikrozensus/SUFMikrozensus.psml (Stand: 22.07.2010).

[26] Vgl. Steinbach 2009, S.23f.

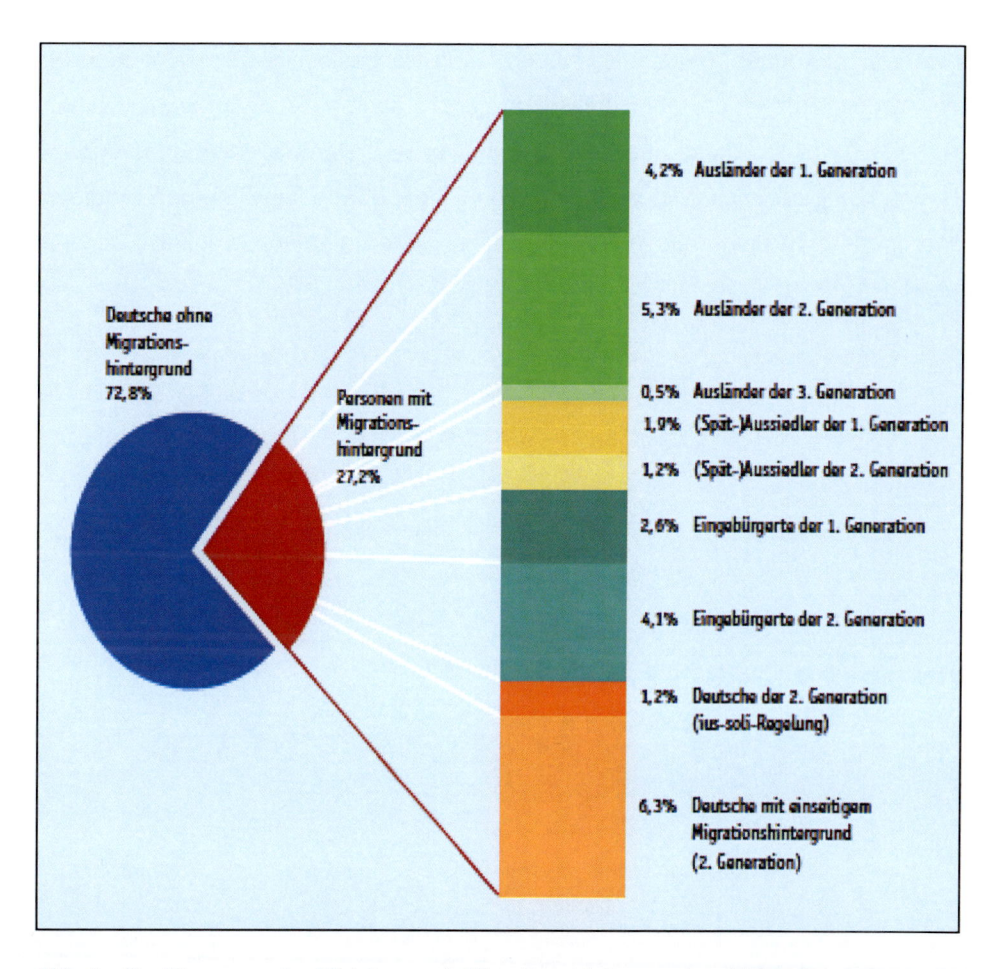

Abb. 1 – Bevölkerung unter 25 Jahre nach Migrationshintergrund und Migrationstypen (2005)

(aus: Konsortium Bildungsberichterstattung 2006, S.142)

2.4 INTEGRATION

Der Terminus „Integration" hat, wie auch die Bezeichnung „Migration", seinen Ursprung im Lateinischen.[27] Das Ziel von Integration ist, Zuwanderern die gleichen Chancen wie der einheimischen Bevölkerung zu ermöglichen, um am gesellschaftlichen Leben teilnehmen zu können. Das heißt, dass es bei Integration im Wesentlichen um die Chancengleichheit zwischen den zu Integrierenden und die Aufnahmegesellschaft, in die integriert werden soll, geht. Um dies

---

[27] Der Begriff „Integration" stammt vom lateinischen Wort „integratio", welches mit Wiederherstellung des Ganzen" übersetzt werden kann. Vgl. URL: http://www.duden-suche.de/suche/abstract.php?shortname=fx&artikel_id=79630&verweis=1 (Stand:19.07.2010).

gewähren zu können, muss Integration als ein wechselseitiger Prozess verstanden werden, an dem sowohl die Zuwanderer als auch die Aufnahmegesellschaft teilhaben.[28] Folglich muss Integration, und zwar von allen Bevölkerungsgruppen, als eine komplexe, gesamtgesellschaftliche Aufgabe aufgefasst werden für die in allen gesellschaftlich relevanten Bereichen Maßnahmen ergriffen werden müssen.[29]

---

[28] Vgl. Der Beauftragte des Berliner Senats für Integration und Migration 2005, S. 6f; Büttner / Kohte-Meyer 2002, S. 2.

[29] Vgl. Alborino 2008, S. 10.

3 Handlungsfelder von Integration

Integration muss als ein vielschichtiger Prozess verstanden werden. Demzufolge findet Integration nicht nur in einem Bereich, sondern in mehreren Bereichen statt. In der Literatur werden die Bereiche von Integration auch als Handlungsfelder von Integration bezeichnet. Zu den zentralen Handlungsfeldern gehört neben der sprachlichen ebenso die berufliche und gesellschaftliche Integration, aber auch die Integration auf Bildungsebene.[30] Darüber hinaus kommt dem Thema „Bürgerschaftliches Engagement", als zentraler Aspekt aller Handlungsfelder, eine bedeutsame Rolle zu.[31] Trotz der großen Bedeutsamkeit des Handlungsfeldes Sprache kann das Handlungsfeld allein eine erfolgreiche Integration nicht gewährleisten. Daher sollten die weiteren Handlungsfelder der Integration gleichermaßen beachtet werden.[32]

In diesem Kapitel werden die oben genannten vier essentiellen Handlungsfelder sowie das übergeordnete Thema „Bürgerschaftliches Engagement" präsentiert, weil sie die Basis für die Analyse dieser Arbeit (Vgl. Kapitel 4) bilden.

3.1 Handlungsfeld Sprache

Ein Großteil der Kinder und Jugendlichen mit Migrationshintergrund kann Erfolge in der Schule, in der Ausbildung und später in ihrem Beruf ausweisen und hat sich gut in Deutschland integriert. Nichtsdestotrotz gibt es aber leider auch viele Kinder und Jugendliche mit Migrationshintergrund, die hierbei immer wieder auf Schwierigkeiten stoßen. Ausschlaggebend dafür sind in den meisten Fällen unzureichende Deutschkenntnisse. Sprache wird deshalb als eine entscheidende Bedingung angesehen, um schulisch und beruflich erfolgreich zu sein und um sich in der Gesellschaft zu integrieren.[33] Somit kann Sprache als eine Schlüssel-

---

[30] Vgl. Bundesamt für Migration und Flüchtlinge 2009, S. 32.

[31] Vgl. Homepage des Bundesamtes, URL: http://www.integration-in-deutschland.de/cln_110/nn_283314/SubSites/Integration/DE/03__Akteure/Programm/Themen/themen-node.html?__nnn=true (Stand: 19.07.2010); (Bundesamt für Migration und Flüchtlinge 2010[4]).

[32] Vgl. Homepage des Bundesamtes, URL: http://www.integration-in-deutschland.de/cln_110/nn_283378/SubSites/Integration/DE/03__Akteure/Programm/SprachBildung/sprachbildung-node.html?__nnn=true (Stand:19.07.2010); (Bundesamt für Migration und Flüchtlinge 2010[3]).

[33] Vgl. Presse- und Informationsamt der Bundesregierung / Die Beauftragte der Bundesregierung für Migration, Flüchtlinge und Integration 2007, S. 47.

qualifikation verstanden werden, um ein selbstständiges Leben führen zu können.[34]

Angesichts dieser Tatsache, sollte eine gezielte Sprachförderung bereits im Kindergarten und in der Schule stattfinden, weil beide Institutionen die Weichen der Zukunft stellen und dementsprechend optimale Voraussetzungen für die Zukunft der Kinder und Jugendlichen schaffen sollten.[35] Schließlich haben in Deutschland 27,2 Prozent der Bevölkerung unter 25 einen Migrationshintergrund (Vgl. Kapitel 2.3) und bei den Kindern unter sechs Jahren sind es sogar 33 Prozent.[36]

3.2 HANDLUNGSFELD BILDUNG

Auch Bildung stellt, wie das Handlungsfeld Sprache, einen wesentlichen Faktor im Integrationsprozess dar. Bedauerlicherweise herrscht zwischen den Kindern ohne Migrationshintergrund und den Kindern mit Migrationshintergrund ein deutliches Bildungsgefälle. Beispielsweise besucht ein überdurchschnittlicher Anteil der Kinder mit Migrationshintergrund eine Sonder- oder Hauptschule. Viele dieser Kinder beenden wiederum ihre Schullaufbahn ohne einen Abschluss.[37] Der Bildungserfolg von Kindern und Jugendlichen aus Migrantenfamilien entscheidet jedoch mit darüber, aufgrund ihres Anteils in der Bevölkerung (Vgl. Kapitel 2.3), wie die Zukunft in unserem Land aussehen wird. Demzufolge haben die Bereiche Bildung und Ausbildung sowohl für die Menschen ohne Migrationshintergrund als auch für die Menschen mit Migrationshintergrund eine zentrale Bedeutung. Für die Zuwanderer sind sie jedoch von noch größerer Wichtigkeit,

---

[34] Vgl. Homepage des Bundesamtes, URL: http://www.integration-in-deutschland.de/cln_110/ nn_283378/ SubSites/Integration/DE/03__Akteure/Programm/SprachBildung/sprachbildung-node.html?__nnn=true (Stand:19.07.2010); (Bundesamt für Migration und Flüchtlinge 2010^3).

[35] Vgl. Presse- und Informationsamt der Bundesregierung / Die Beauftragte der Bundesregierung für Migration, Flüchtlinge und Integration 2007, S. 13.

[36] Vgl. Zwania 2008, S. 29.

[37] Vgl. Homepage des Bundesamtes für Migration und Flüchtlinge, URL: http://www.integration-in-deutschland.de/cln_110/nn_283316/SubSites/Integration/DE/03__Akteure/Programm/ Bildung /bil-dung-node.html?__nnn=true (Stand:19.07.2010); (Bundesamt für Migration und Flüchtlinge 2010).

weil vor allem in diesen Bereichen der Erfolg bzw. Misserfolg über die weiteren Integrationschancen und somit auch über deren Lebensqualität mitbestimmt.[38]

In diesem Zusammenhang sollte die gesamte Bevölkerung die Investition in die Bildung als einen hohen Stellenwert ansehen und ihren entsprechenden Beitrag dazu leisten. Die Bedeutsamkeit der Bildung spiegelt sich bereits auch in dem staatlichen Erziehungs- und Bildungsauftrag wider. So sieht der staatliche Erziehungs- und Bildungsauftrag seine Hauptaufgabe darin, für alle Kinder und Jugendliche in Deutschland das gleiche Recht auf eine allgemeine und berufliche Bildung zu gewährleisten.[39]

3.3 HANDLUNGSFELD BERUF

Auch die Partizipation am Arbeitsmarkt bestimmt über eine erfolgreiche Integration von Menschen mit Migrationshintergrund in unserer Gesellschaft. Das Handlungsfeld Beruf mit den Bereichen Ausbildung und Erwerbsleben spielt daher eine zentrale Rolle im Integrationsprozess. Da ich im Rahmen der Arbeit Patenschafts- und Mentoringprojekte untersuche, die sich ausschließlich an Kinder und Jugendliche richten, betrachte ich jedoch nur das Thema Ausbildung.

Die berufliche Ausbildung stellt eine wesentliche Schlüsselstellung im Übergang von der Schule in den Beruf dar. Dabei ist der Vorteil einer Integration im Bereich Ausbildung und Beruf nicht ausschließlich aus der Perspektive zu sehen, dass es eine Person eigenständig macht. Schließlich trägt es ebenso zu Privatkontakten, zur Stärkung des Selbstbewusstseins und zur Steigerung des Gemeinschaftsgefühls bei.[40]

Leider haben jedoch viele Schulabgänger mit Migrationshintergrund große Probleme einen Ausbildungsplatz zu bekommen, obwohl Berufsorientierung bereits in der Schule stattfindet.[41] Dafür gibt es zwei essentielle Gründe. Einerseits liegt es an dem zuvor genannten Bildungsunterschied von Menschen mit

---

[38] Vgl. Presse- und Informationsamt der Bundesregierung / Die Beauftragte der Bundesregierung für Migration, Flüchtlinge und Integration 2007, S. 62.

[39] Vgl. Presse- und Informationsamt der Bundesregierung / Die Beauftragte der Bundesregierung für Migration, Flüchtlinge und Integration 2007, S. 15.

[40] Vgl. Der Beauftragte des Berliner Senats für Integration und Migration 2005, S. 18.

[41] Vgl. Presse- und Informationsamt der Bundesregierung / Die Beauftragte der Bundesregierung für Migration, Flüchtlinge und Integration 2007, S. 27.

und Menschen ohne Migrationshintergrund (Vgl. Kapitel 3.2). Aufgrund des Bildungsdefizits bringen Jugendliche mit Migrationshintergrund nicht so gute Voraussetzungen für eine Ausbildung mit wie Gleichaltrige ohne Migrationshintergrund. Andererseits herrscht schon seit einigen Jahren ein Mangel an Ausbildungsplätzen, sodass Bewerber mit einem niedrigen Schulabschluss, die aus der geringen Bildung resultieren, kaum berücksichtigt werden.[42]

3.4 HANDLUNGSFELD GESELLSCHAFT

Im Handlungsfeld Gesellschaft gibt es verschiedene Bereiche, die einen Beitrag zur Integration leisten. Ich gehe in diesem Kapitel auf drei dieser Bereiche ein.

3.4.1 INTEGRATION VOR ORT

Einen Schwerpunkt im Handlungsfeld Gesellschaft stellt die Integration vor Ort dar.[43] Das unmittelbare Wohnumfeld als Lebensmittelpunkt von Menschen mit und ohne Migrationshintergrund ist ein wesentlicher Faktor im Integrationsprozess. Hier finden Begegnungen der Migranten und der Einheimischen statt. In der direkten Nachbarschaft zeigt sich, ob Integration Erfolg hat oder scheitert.[44] So beeinflussen Wohn- und Lebensbedingungen sowie die öffentlichen und privaten Angebote von Einrichtungen vor Ort den Integrationsprozess. Folglich erhöhen sich die Integrationschancen, wenn gute Wohn- und Lebensbedingungen und ein breites Angebot im öffentlichen und privaten Sektor vorliegt. Der Bund und die Länder haben sich deshalb zur Aufgabe gemacht, die Wohn- und Lebensbedingungen zu verbessern und das besonders in benachteiligten Stadtvierteln, bundesweit gibt es davon 450, in denen oftmals auch ein hoher Anteil von Migranten vorzufinden ist.[45]

---

[42] Vgl. Presse- und Informationsamt der Bundesregierung / Die Beauftragte der Bundesregierung für Migration, Flüchtlinge und Integration 2007, S. 70.

[43] Vgl. Homepage des Bundesamtes für Migration und Flüchtlinge, URL: http://www.integration-in-deutschland.de/cln_117/nn_283310/SubSites/Integration/DE/03__Akteure/Programm/Geselschaft/gesellschaft-node.html?__nnn=true (Stand:19.07.2010); (Bundesamt für Migration und Flüchtlinge 2010^2).

[44] Vgl. Presse- und Informationsamt der Bundesregierung / Die Beauftragte der Bundesregierung für Migration, Flüchtlinge und Integration 2007, S. 24.

[45] Vgl. Presse- und Informationsamt der Bundesregierung / Die Beauftragte der Bundesregierung für Migration, Flüchtlinge und Integration 2007, S. 19.

3.4.2 Die kulturelle Integration

Die kulturelle Integration bildet eine essentielle Basis für das Miteinander in unserer Gesellschaft. Das liegt daran, weil Kultur Menschen verschiedenster Ursprünge zusammenbringt. In Deutschland ist eine „europäisch gewachsene und über Jahrhunderte durch Migration geprägte Kulturnation"[46] entstanden. Das heißt, dass hier in Deutschland viele unterschiedliche Kulturen aufeinandertreffen. Ein respektvoller Umgang mit kultureller Vielfalt sollte daher erlernt werden, um Integration zulassen zu können. Schließlich setzt Integration eine Zustimmung der kulturellen Vielfalt voraus und bedeutet nicht, dass mit der eigenen kulturellen Identität abgeschlossen werden muss.

Damit mit kultureller Vielfalt jedoch angemessen umgegangen werden kann, müssen folgende drei Ebenen berücksichtigt werden: Die kulturelle Bildung, die Kultureinrichtungen und die Politik.[47]

Kulturelle Bildung, als ein Bestandteil der staatlichen Bildungs- und Erziehungsinstitutionen, ermöglicht es, verschiedene Kulturen kennenzulernen und zu akzeptieren. Dies geschieht durch die Schätzung kultureller Leistungen, die das Verständnis für die jeweiligen Kulturen unterstützen. Die Vermittlung von kultureller Bildung wird daher auch oftmals als eine Schlüsselfunktion im Integrationsprozess angesehen.[48]

Auf der Ebene der Kultureinrichtungen, darunter zählen etwa Volkshochschulen, Bibliotheken, Museen und Theater, wird allmählich erkannt, dass auf die neuen gesellschaftlichen Gegebenheiten reagiert und dementsprechend zur kulturellen Integration beigetragen werden muss.[49] In diesem Zusammenhang ist es wichtig, dass die Kultureinrichtungen interkulturelle Angebote anbieten. Interkulturelle Angebote sind Angebote, die einen Bezug zur Interkulturalität[50] aufweisen. Im

---

[46] Presse- und Informationsamt der Bundesregierung / Die Beauftragte der Bundesregierung für Migration, Flüchtlinge und Integration 2007, S. 127.

[47] Vgl. Presse- und Informationsamt der Bundesregierung / Die Beauftragte der Bundesregierung für Migration, Flüchtlinge und Integration 2007, S. 19 und 127.

[48] Vgl. Presse- und Informationsamt der Bundesregierung / Die Beauftragte der Bundesregierung für Migration, Flüchtlinge und Integration 2007, S. 27.

[49] Vgl. Presse- und Informationsamt der Bundesregierung / Die Beauftragte der Bundesregierung für Migration, Flüchtlinge und Integration 2007, S. 128

[50] Unter Interkulturalität versteht man den Prozess von kulturellen Überschneidungssituationen, welche dann stattfinden, wenn sich zwei Menschen bzw. Gruppen begegnen, die jeweils eine

Kapitel 2.3 wurde bereits auf den Fakt hingewiesen, dass fast 20 Prozent der Bevölkerung in Deutschland einen Migrationshintergrund haben. Kinder und Jugendliche mit Migrationshintergrund sollten sich daher von den Angeboten angesprochen fühlen, um zu den zukünftigen Besuchern dieser Einrichtungen zu gehören.[51]

Auf dritten und zwar auf der politischen Ebene muss kulturelle Integration als eine Querschnittsaufgabe begriffen werden. In diesem Sinne muss interkulturelle Kulturarbeit neben dem Ziel eine Sprachkompetenz zu entwickeln gleichermaßen auch kulturelle Zielsetzungen verfolgen. Darüber hinaus sollte die Zusammenarbeit und der Austausch von Kompetenzen zwischen den Kultureinrichtungen und Bildungsinstitutionen noch mehr verstärkt werden.[52]

3.4.3 GLEICHSTELLUNG ZWISCHEN MÄNNERN UND FRAUEN

Der Anteil der Mädchen und Frauen mit Migrationshintergrund ist nahezu identisch mit dem Anteil der Männer mit Migrationshintergrund in Deutschland.[53] Eine gleichberechtigte Integration den Frauen gegenüber den Männern zu ermöglichen, stellt eine große Herausforderung dar. Es ist insofern eine große Herausforderung, weil mit der Gleichberechtigung der Geschlechter eine Verbesserung der Lebenssituation von Mädchen und Frauen einhergehen muss. Das bedeutet konkret, dass gleiche Teilhabemöglichkeiten in der Gesellschaft zwischen den Geschlechtern geschaffen werden müssen. Ein wesentlicher Aspekt stellt hierbei die Erhöhung der Chancen für (junge) Frauen in den Bereichen Ausbildung und Arbeitsmarkt dar, für die gute Sprachkenntnisse, Bildung und ein professionelles Auftreten förderlich sind.[54]

Lebensweise haben, die dem anderen Menschen nicht vertraut ist. Vgl. Beauftragte der Bundesregierung für Ausländerfragen 2000, S. 119.

[51] Vgl. Presse- und Informationsamt der Bundesregierung / Die Beauftragte der Bundesregierung für Migration, Flüchtlinge und Integration 2007, S. 128.

[52] Vgl. Presse- und Informationsamt der Bundesregierung / Die Beauftragte der Bundesregierung für Migration, Flüchtlinge und Integration 2007, S. 134.

[53] Vgl. Presse- und Informationsamt der Bundesregierung / Die Beauftragte der Bundesregierung für Migration, Flüchtlinge und Integration 2007, S. 87.

[54] Vgl. Presse- und Informationsamt der Bundesregierung / Die Beauftragte der Bundesregierung für Migration, Flüchtlinge und Integration 2007, S. 94.

3.5 BÜRGERLICHES ENGAGEMENT

Wie bereits erwähnt, stellt bürgerschaftliches Engagement ein „Querschnittsthema" im Integrationsprozess dar, weil es in allen Handlungsfeldern eine wesentliche Komponente ist (Vgl. Kapitel 3).

Eine durch Vielfalt und permanenten Veränderungen geprägte Gesellschaft braucht die Partizipation der Bürgergesellschaft. Ohne die Hilfe der Bürgergesellschaft kann Integration nicht gelingen. Folglich muss sich die Gesellschaft engagieren, den Integrationsprozess durch Strukturen, welche die Eigeninitiative und Mitgestaltung von Migranten unterstützen, positiv zu beeinflussen. Damit Menschen mit Migrationshintergrund mehr in den Bereichen des politischen und insbesondere des sozialen Lebens involviert werden und demnach in diesen Bereichen mitwirken können, ist die Bereitschaft der Menschen in Form von verschiedensten Aktivitäten für und von Migranten unerlässlich. Diese Bereitschaft wird auch als bürgerliches Engagement bezeichnet.[55]

Bürgerliches Engagement stellt eine freiwillige, öffentliche und zeitlich begrenzte Verantwortungsübernahme für einen oder für mehrere Menschen dar und umfasst alle Engagementformen, die außerhalb des Bereichs der eigenen Familie stattfinden.[56] Bürgerschaftliches Engagement erfolgt vorrangig in der direkten Wohnumgebung und stärkt auf diese Art und Weise den sozialen Zusammenhalt in der Nachbarschaft.[57] Aufgrund der Tatsache, dass bürgerliches Engagement sowohl von Menschen mit als auch von Menschen ohne Migrationshintergrund ausgeht, bietet es auch Vorteile für die einheimische Bevölkerung. Die Einheimischen kommen in Kontakt mit anderen Kulturen. So lernen sie sich nach und nach auf die neue Gesellschaft einzulassen, welche zunehmend durch Vielfalt geprägt ist.[58]

---

[55] Vgl. Presse- und Informationsamt der Bundesregierung / Die Beauftragte der Bundesregierung für Migration, Flüchtlinge und Integration 2007, S. 32.

[56] Vgl. Krell 2008, S. 76.

[57] Vgl. Presse- und Informationsamt der Bundesregierung / Die Beauftragte der Bundesregierung für Migration, Flüchtlinge und Integration 2007, S. 20.

[58] Vgl. Presse- und Informationsamt der Bundesregierung / Die Beauftragte der Bundesregierung für Migration, Flüchtlinge und Integration 2007, S. 173.

4 ANALYSE

In der Literatur wird gesagt, dass Patenschafts- und Mentoringprojekte für Kinder und Jugendliche mit Migrationshintergrund eine zentrale Aufgabe im Integrationsprozess übernehmen.[59] Wenn dies der Fall ist, müssen die Projekte einen Beitrag zur Integration leisten. In diesem Kapitel werden Patenschafts- und Mentoringprojekte für Kinder und Jugendliche mit Migrationshintergrund hinsichtlich der Frage untersucht, ob und inwiefern sie ihre Integrationsfunktion erfüllen. Daher wird analysiert, welche Handlungsfelder von Integration durch die Patenschafts- und Mentoringprojekte unterstützt werden. Dafür wird in der Untersuchung auf jene Handlungsfelder von Integration Bezug genommen, die bereits ausführlich vorgestellt worden sind (Vgl. Kapitel 3).

Alle Patenschafts- und Mentoringprojekte leisten bereits einen Beitrag zum übergreifenden Thema „Bürgerschaftliches Engagement", weil Patenschafts- und Mentoringprojekte eine besondere Form des bürgerschaftlichen Engagements darstellen.[60] Darüber hinaus unterstützen alle Patenschafts- und Mentoringprojekte, die im Rahmen der Untersuchung betrachtet und analysiert werden, die gesellschaftliche Integration bezüglich der Integration vor Ort, da ausschließlich örtliche Patenschafts- und Mentoringprogramme Bestandteil der Untersuchung sind.

Obwohl in Deutschland einige Patenschaften bereits vor 40 Jahren entstanden sind, wurden die meisten Patenschafts- und Mentoringprojekte erst in den letzten Jahren gegründet.[61] Das könnte eine Ursache dafür sein, dass bisher nur wenige Evaluationen über die Projekte existieren. Aus diesem Grund führe ich meine Analyse größtenteils anhand der Profilbeschreibungen und Zielsetzungen des jeweiligen Projektes durch. Sofern Ergebnisse bzw. Evaluationen zum Projekt vorliegen, werden diese in der Analyse berücksichtigt. Im Rahmen der Untersuchung werden sowohl Projekte für Kinder als auch Projekte für Jugendliche analysiert, die sich hauptsächlich an Kinder bzw. Jugendliche mit Migrationshintergrund richten.

---

[59] Vgl. Zwania 2008, S. 49.
[60] Vgl. Zwania 2008, S. 10.
[61] Vgl. Huth 2008, S. 1.

4.1 Patenschaftsprojekte für Kinder

In diesem Kapitel werden zwei Arten der Patenschaft betrachtet: Bildungspatenschaften und Lesepatenschaften. Zu jeder Patenschaftsart werden jeweils zwei Projekte vorgestellt, die Kinder mit Migrationshintergrund als ihre Zielgruppe bezeichnen.

4.1.1 Bildungspatenschaften

Bildungspatenschaften sind Patenschaften, in denen engagierte Bürger Kinder und Jugendliche persönlich, schulisch und beruflich fördern, um ihre Entwicklung positiv zu beeinflussen. In der Regel handelt es sich bei den engagierten Bürgern um Lehramtsstudenten, Berufstätige und Rentner.[62] Bildungspatenschaften sind besonders für Kinder und Jugendliche mit Migrationshintergrund bedeutsam, damit diese bestmöglich für den schulischen und beruflichen Erfolg unterstützt werden. Hierbei sind Paten vor allem Vorbilder für Kinder und Jugendliche mit Migrationshintergrund und können ihnen nicht nur bei Sprachbarrieren, sondern auch bei Bildungslücken und kulturellen Unterschieden individuell und gezielt helfen[63].

4.1.1.1 Bildungspatenschaft „Bildung für alle!"

Die Bildungspatenschaft „Bildung für alle!" ist eine Kooperation zwischen der Stadt Oldenburg und der Volkshochschule Oldenburg. Das Projekt wurde 2009 gegründet und umfasst aktuell 58 Patenschaften.[64] Die Idee für dieses Projekt entstand aufgrund einer Statistik vom Jugendamt. Aus der Statistik ging hervor, dass der Anteil der Kinder mit Migrationshintergrund in der Stadt Oldenburg bei über 20 Prozent liegt. Hinzu kam der Fakt, dass Kinder mit Migrationshintergrund nicht so gute Leistungen in der Bildung wie Kinder ohne Migrationshintergrund erzielen konnten. Beispielsweise haben im Schuljahr 2006/2007 nur knapp zwölf Prozent der Schüler mit Migrationshintergrund ihr Abitur absolviert, was 25

---

[62] Vgl. Die Beauftrage der Bundesregierung für Migration, Flüchtlinge und Integration 2009, S.5.

[63] Vgl. Die Beauftrage der Bundesregierung für Migration, Flüchtlinge und Integration 2009³, S.4f

[64] Vgl. Kurzportrait des Projektes Bildung für alle!, URL: http://aktion-zusammen-wachsen.de/index.php?id=110&pid=40 (Stand: 24.07.2010); (Die Beauftragte der Bundesregierung für Migration, Flüchtlinge und Integration 2010⁴).

Prozent weniger sind als bei den Schülern ohne Migrationshintergrund. Ein Viertel der Schüler mit Migrationshintergrund haben ihre Schullaufbahn sogar ohne einen Schulabschluss beendet. Dies führt wiederum dazu, dass diese Bevölkerungsgruppe nur sehr geringe Chancen haben einen Job zu bekommen und folglich arbeitslos werden. Das Projekt möchte dem entgegenwirken, indem sie bereits zu besseren Bildungschancen für Kinder im Grundschulalter mit Migrationshintergrund, die in Oldenburg leben, beitragen wollen. Dies möchten sie mithilfe von ehrenamtlichen Bildungspaten erreichen, die nicht nur Schulen in ihrer Elternarbeit, sondern vor allem die Kinder mit Migrationshintergrund unterstützen. Die Unterstützung soll hierbei sowohl auf der Schul- als auch auf der Freizeitebene erfolgen. Um die Bildungspaten entsprechend auf ihre Tätigkeit als Pate vorzubereiten, absolvieren diese vor Projektbeginn an der Volkshochschule Oldenburg eine Basisqualifizierung.[65]

Die Träger des Projektes „Bildung für alle!" sagen in ihrem Konzept, dass sie ihren Fokus auf Kinder mit Migrationshintergrund legen, weil aus vielfachen Studien hervorgegangen ist, dass ein großes Bildungsdefizit zwischen den Schülern mit und den Schülern ohne Migrationshintergrund besteht.[66] Auf diesen Aspekt wurde bereits im Handlungsfeld Bildung aufmerksam gemacht (Vgl. Kapitel 3.2). Der Grund, weshalb sich das Projekt an Schüler der ersten bis zur vierten Klasse richtet, ist der, dass der Bildungserfolg in der Grundschule einen wesentlichen Einfluss auf die weitere Schullaufbahn hat. Schließlich wird in der Grundschule entschieden, auf welche weiterführende Schule das Kind gehen wird. Mit dem Projekt „Bildung für alle!", welches zurzeit mit sechs Grundschulen zusammenarbeitet, soll ermöglicht werden, dass der Bildungsverlauf der Schüler positiv verläuft und sie auf diese Weise ideale Voraussetzungen für ihre weitere Schullaufbahn erhalten.[67] Aus der Zielsetzung der Bildungspatenschaft „Bildung für alle!" geht eindeutig hervor, dass sie ihren Schwerpunkt auf die Bildung legen. Das Projekt leistet demzufolge einen wesentlichen Beitrag zur Integration, weil Bildung ein zentrales Handlungsfeld von Integration darstellt (Vgl. Kapitel 3.2). Es ist sinnvoll, dass Projekte, die ihre Hauptaufgabe in der Verbesserung von Bildungserfolg sehen, ihre Zielgruppe in der Schule „abholen". Schließlich stellt

---

[65] Vgl. Agentur :ehrensache / Polat (o.A.), S. 1-3.

[66] Vgl. Agentur :ehrensache / Polat (o.A.), S. 1.

[67] Vgl. Die Beauftragte der Bundesregierung für Migration, Flüchtlinge und Integration 2009², S. 3.

die Schule eine wichtige Integrationsinstitution für junge Menschen mit Migrationshintergrund dar, indem sie allen Kindern und Jugendlichen eine allgemeine und berufliche Bildung ermöglichen möchte.[68]

4.1.1.2 MENTOREN- UND STIPENDIENPROJEKT „AĞABEY – ABLA"

Im Februar 2009 ist das Mentoren- und Stipendienprojekt „Ağabey – Abla" durch das deutsch-türkische Forum in Stuttgart entstanden. Der Projektname „Ağabey – Abla" ist türkisch und wird im Deutschen mit „großer Bruder – große Schwester" übersetzt. Bei den großen Brüdern und Schwestern handelt es sich um türkischstämmige, talentierte junge Menschen, die entweder das Gymnasium besuchen oder bereits studieren. Jeder Mentor engagiert sich für einen oder zwei Schüler im Alter von acht und elf Jahren aus der Grund- oder Hauptschule. Die Mentees haben hierbei ebenfalls einen türkischen Migrationshintergrund. Das Mentoren- und Stipendienprojekt verfolgt allgemein das Ziel, dass sich die Schüler sowie die Eltern der Schüler sowohl innerhalb als auch außerhalb der Schule besser entwickeln können. Das Hauptanliegen des Programms, welches gegenwärtig 48 Mentorenpaare an vier verschiedenen Grund- und Hauptschulen betreut und von der Robert Bosch Stiftung gefördert wird, besteht jedoch darin, die Schüler beim Lernen zu unterstützen und dadurch die bislang nicht genutzten Möglichkeiten der Zuwanderer zu verbessern.[69] Die Unterstützung der Paten wird als eine Leistung angesehen. Es wird daher in Form eines Stipendiums honoriert, welches die Paten wiederum bei ihrem eigenen Bildungsweg fördert. Konkret heißt das, dass für Studierende die Semestergebühren und die Ausgaben für öffentliche Verkehrsmittel übernommen werden und Gymnasiasten eine monatliche Aufwandsentschädigung im Wert von 80 Euro erhalten.[70]

Die Idee, die hinter dem Konzept vom Projekt „Ağabey-Abla" steckt, ist die, dass „die sprachliche und soziale Entwicklung des Kindes wie von einem älteren Geschwister(-kind) begleitet wird"[71]. Das vertraute Miteinander wie zwischen zwei Geschwistern soll nicht nur dazu dienen, die Hürden des deutschen Schulsys-

---

[68] Vgl. Der Beauftragte des Berliner Senats für Integration und Migration 2005, S. 30.

[69] Vgl. Deutsch-Türkisches Forum Stuttgart, S. 2.

[70] Vgl. Kurzportrait des Projektes Ağabey-Abla, URL: http://aktion-zusammen-wachsen.de/index. php?id=110&pid=19 (Stand 25.07.2010); (Die Beauftragte der Bundesregierung für Migration, Flüchtlinge und Integration 2010).

[71] Deutsch- Türkisches Forum Stuttgart, S. 2.

tems und des Elternursprungs zu erleichtern, sondern soll ferner die sozio-emotionale Fähigkeit vermitteln. Damit ist gemeint, dass der Pate seinem Patenkind nahebringen soll, dass man sich zwischen zwei unterschiedlichen Kulturen zuhause fühlen kann.[72]

Aus den Zielsetzungen dieses Programms lässt sich erkennen, dass sie durch die Stärkung der Bildungschancen von Kindern mit türkischem Migrationshintergrund ihren Beitrag zu einer erfolgreichen Integration leisten.[73] Um die Bildungschancen der Kinder zu verbessern, wird einerseits Förderunterricht in den Hauptfächern wie Mathematik, Deutsch und Englisch erteilt und andererseits außerschulische Ausflüge mit dem Kind unternommen. Als Ausflugsziele werden Besuche in die Bibliothek, ins Kindertheater, in Museen und auf kulturelle Veranstaltungen genannt.[74] Das Projekt „Ağabey – Abla" unterstützt auf diese Weise den Integrationsprozess auf verschiedenen Handlungsfeldern von Integration. Zunächst einmal berücksichtigen sie, wie die Bildungspatenschaft „Bildung für alle!" (Vgl. Kapitel 4.1.1.1), den für die Integration essentiellen Bildungsaspekt, indem sie, wie bereits erwähnt, ihr Hauptziel darin sehen, die Schüler beim Lernen zu unterstützen. Durch die Durchführung eines speziellen Förderunterrichts, verbessern sich wiederum auch die deutschen Sprachkenntnisse. Das Besondere an dem Förderunterricht ist, dass dieser von Paten durchgeführt wird, die der oberen Bildungsschicht angehören und selbst einen türkischen Migrationshintergrund haben. Das macht sie nicht nur kompetent, sondern gleichzeitig auch zu Vorbildern. Ferner wird auf das gesellschaftliche Handlungsfeld von Integration Bezug genommen. In der Konzeption wird der Besuch von kulturellen Veranstaltungen explizit erwähnt. Demzufolge leistet das Projekt ebenfalls einen Beitrag zur kulturellen Integration. Durch kulturelle Feste wird zudem die Fähigkeit unterstützt, sich mit der deutschen Kultur vertraut zu machen und sich dadurch in Deutschland heimischer zu fühlen.

---

[72] Vgl. Deutsch- Türkisches Forum Stuttgart, S. 2.

[73] Vgl. Kurzprojekt des Projektes Ağabey-Abla, URL: http://aktion-zusammen-wachsen.de/index.php?id=110&pid=19 (Stand:25.07.2010); (Die Beauftragte der Bundesregierung für Migration, Flüchtlinge und Integration 2010).

[74] Vgl. Deutsch- Türkisches Forum Stuttgart, S. 2.

4.1.2 LESEPATENSCHAFTEN

Das Entstehen von Lesepatenschaften kann als eine Antwort auf die veränderte Kindheit verstanden werden. Heutzutage ist ein großer Anteil der Kinder bis zu ihrem Schuleintritt selten mit Büchern in Berührung gekommen. Aufgrund der Tatsache, dass eine gut ausgebildete Lesekompetenz als eine wesentliche Schlüsselqualifikation angesehen wird und darüber hinaus den Schul- und Berufserfolg begünstigt, ist es jedoch wichtig, dass alle Kinder in Kontakt mit Büchern kommen und Freude am Lesen empfinden. Lesepatenschaften unterstützen Kinder dabei, indem sie das frühzeitige Interesse am Lesen durch Vorlesen fördern. So können Kinder durch das regelmäßige Vorlesen vielseitige Spracherfahrungen sammeln, wie etwa die Erweiterung des Wortschatzes oder das Kennenlernen des Aufbaus einer Geschichte. Darüber hinaus bietet es die Möglichkeit, dass Kinder sich mit bestimmten Handlungen beschäftigen sowie ihre Konzentrationsfähigkeit durch gezieltes Zuhören erhöhen.[75]

4.1.2.1 LESEPROJEKT „LiA – LESEN IN ALTONA"

Das Projekt „LiA – Lesen in Altona"[76] ist durch die Senatsinitiative „Lebenswerte Stadt" 2007 in Hamburg-Altona gegründet worden. In Altona, ein Hamburger Stadtteil, gibt es viele Kinder, die aus Zuwanderungsfamilien kommen und daher bilingual aufwachsen. Auch wenn Mehrsprachigkeit an sich positiv ist, hat es meist zur Folge, dass die deutsche Sprache weniger ausgeprägt ist als bei einheimischen Kindern. Das Leseprojekt richtet sich daher primär an Kinder mit Migrationshintergrund im Alter zwischen vier und 14 Jahren. Es verfolgt die Zielsetzung, die Bildungsbedingungen und den Alltag von Familien, insbesondere Familien mit Migrationshintergrund, positiv zu verändern. Das bedeutet, dass neben der Akzeptanz der Mehrsprachigkeit, die „Bildungssprache" erlernt und spielerisch gefördert wird, weil sie sich vom alltäglichen Sprachgebrauch unterscheidet. Dieses Ziel wird nicht durch das Vorlesen an sich erreicht, sondern vor

---

[75] Vgl. Homepage des LISUMs, URL: http://bildungsserver.berlin-branden-burg.de/lesepaten-frage_1.html (Stand: 25.07.2010); (LISUM o.A.).

[76] Ich beziehe mich in meinen folgenden Ausführungen auf folgende Quellen: Vgl. Kurzportrait des Projektes LiA – Lesen in Altona, URL: http://aktion-zusammen-wachsen.de /index.php?id=110&pid =28 (Stand: 28.07.2010); (Beauftragte der Bundesregierung für Migration, Flüchtlinge und Integration 2010⁴) und Vgl. Projektleitung LiA und Lesen im Kölibri / GWA St. Pauli e.V., S. 1ff.

allem durch die positive Einstellung des Lesers, die er während der Lesestunden den Kindern vermittelt. In den Lesestunden lesen die Lesepaten, in der Regel handelt es sich hierbei um Rentner, den Kleingruppen, die aus maximal sechs Kindern bestehen, nicht nur vor, sondern reden auch oft mit ihnen und geben den Kindern demzufolge stets einen Anreiz, die deutsche Sprache zu gebrauchen. Zudem ermutigen sie die Kinder dazu selbst zu lesen. Das Besondere an dem Projekt ist, dass auch Angebote existieren, an denen die Eltern mit ihren Kleinkindern teilnehmen können. Innerhalb dieser Angebote werden Gedichte gelesen oder Lieder gesungen. Während die Eltern wertvolle Ideen für Zuhause aus diesen Angeboten mitnehmen, können auch bereits die Kleinkinder von diesen Angeboten profitieren. Denn es bietet sich für sie die Möglichkeit, sich mit dem Klang der deutschen Sprache durch das Hören der Reime vertraut zu machen. Durch zahlreiche Rückmeldungen und Ergebnisse konnte zudem festgestellt werden, dass das Leseprojekt eine Bereicherung sowohl für die Kinder als Patenkinder als auch für die Vorleser als Lesepaten darstellt. So ermöglichen die gemeinsamen Begegnungen während der Lesestunden das Kennenlernen der anderen Kultur und Generation. Abschließend lässt sich noch positiv hervorheben, dass es sich bei diesem Projekt um eine „bewegliche Leseförderung" handelt, weil die Lesepaten in verschiedenen Kindergärten und Schulen, manchmal auch in Parks oder Einkaufspassagen, vorlesen. Auf diese Weise kann die Leseförderung von einem größeren Personenkreis genutzt werden.

Wie bereits erwähnt, bieten sich Lesepatenschaften vor allem bei kleineren Kindern an, um ihnen beim Lernen und Üben der deutschen Sprache zu helfen. Das Konzept des Leseprojektes „LiA – Lesen in Altona" zeigt, dass auch sie den Integrationsprozess fördern. Dies tun sie, indem sie Kinder und sogar Eltern mit Migrationshintergrund in den Handlungsfeldern Bildung und Kultur, aber vor allem im Bereich Sprache, unterstützen. Diese Unterstützung findet in Form von Lesestunden statt. Innerhalb der Lesestunden wird den Kindern aber nicht nur vorgelesen. Es werden auch Gesprächsanlässe gegeben, indem den Kindern beispielsweise Fragen zur Geschichte gestellt werden. Gesprächsanlässe nehmen im Spracherwerb eine zentrale Rolle ein. Schließlich wird eine Sprache durch den aktiven Gebrauch, etwa durch ein Gespräch, am effektivsten gelernt. Darüber hinaus werden die Kinder immer wieder dazu motiviert selbst zu lesen. Die Motivation zum eigenen Lesen ist wichtig, damit Kinder die Freude am Lesen entdecken können. Schließlich stellt die Kompetenz „Lesen" eine Schlüsselfunktion im Bezug auf den Bildungserfolg dar (Vgl. Kapitel 4.2.2). Ferner wird durch die Ermöglichung von interkulturellen Begegnungen eine gegenseitige Akzeptanz der Kulturen gefördert, welches wiederum die kulturelle Integration begünstigt.

4.1.2.2 INTEGRATIONSPROJEKT „MÄRCHENKINDER"

Das Leseprojekt[77] „MärchenKinder" bezeichnet sich selbst als Integrationsprojekt. Sie betonen auf diese Weise den Integrationsaspekt ihres Projektes, dessen Gründung im Jahr 2006 durch die FreiwilligenAgentur Regensburg erfolgte. Die Idee für dieses Projekt hat sich aufgrund von Eindrücken ärmerer Viertel in Regensburg entwickelt, die die Projektleiterin des Projektes Evelyn Kolbe-Stockert während ihrer Tätigkeit bei der „Sozialen Stadt" Regensburg erhielt. Viele Menschen dieser Stadtteile sind Zuwanderer und gebrauchen neben Deutsch noch eine weitere Sprache. Problematisch daran ist, dass sie weder in ihrer Herkunftssprache noch in Deutsch über gute Sprachkenntnisse verfügen. Die Zielsetzung des Projektes „MärchenKinder" ist daher die Lesekompetenz in Deutsch sowohl von den großen als auch von den kleinen Kindern mit Migrationshintergrund zu erhöhen, damit sie Deutsch besser lesen und sprechen können. Neben der sprachlichen Förderung, möchte das Projekt aber auch, dass sich bei den Kindern die freiwillige Bereitschaft entwickelt, anderen zu helfen. Während es sich bei den großen Kindern um Grundschulkinder aus der Napoleonstein-Grundschule der zweiten bis fünften Klasse handelt, sind mit den kleinen Kindern, Kinder aus Kindertagesstätten in der Umgebung gemeint. Innerhalb des Projektes sind die Grundschulkinder die Paten und die Kindergartenkinder die Patenkinder. Dem Paten wird bzw. werden hierbei ein Kind bzw. mehrere Kinder zugeordnet, das bzw. die die gleiche Herkunftssprache hat bzw. haben. Der Pate liest seinem Patenkind bzw. seinen Patenkindern aus Märchenbüchern auf Deutsch vor. Durch das Zuhören der Märchen können sich die Kleinen mit der deutschen Sprache auseinandersetzen. Der Vorteil an der identischen Herkunftssprache ist, dass die Patenkinder ihrem Paten jederzeit Fragen bei Verständnisschwierigkeiten stellen können. Ergebnisse des Projektes zeigen, dass die Tatsache, dass die Paten selbst einen Migrationshintergrund haben, als sehr positiv von den Patenkindern empfunden wird. Die Patenkinder sehen in

---

[77] Bei den folgenden Ausführungen beziehe ich mich auf diese Quelle: Vgl. FreiwilligenAgentur Regensburg (o.A.), S. 1-4.

ihrem Paten sogar ein Vorbild und passen ihren Sprachgebrauch an den ihres Paten an. Schließlich sind sie dazu bestrebt, auch später ein „MärchenKind" zu werden. Bei den Paten wirkt das Projekt ebenso erfolgreich, indem sich ihre persönlichen Deutschkenntnisse durch die vorherige Vorbereitung auf den Text und natürlich durch das Vorlesen selbst verbessern. Außerdem entstehen immer wieder erneute Patenschaften zwischen den ehemaligen Paten und Patenkindern, wenn die Patenkinder eingeschult werden. Durch diese vielen positiven Erfahrungen und Entwicklungen bei den Kindern, wurde das Projekt von der Öffentlichkeit in den Jahren 2007 und 2008 mit Preisen ausgezeichnet.

Nachdem die Konzeption des Projektes „MärchenKinder" vorgestellt wurde, kann festgestellt werden, dass das Projekt der Bezeichnung „Integrationsprojekt" gerecht wird. Es wird dem gerecht, weil das Projektanliegen ist, dass die Deutschkenntnisse sowohl beim Paten als auch beim Patenkind verbessert werden. Diese Idee ist nicht nur innovativ, sondern vor allem besonders. Während es sich bei der Bildungspatenschaft „Ağabey-Abla" um Paten handelt, die über sehr gute Deutschkenntnisse verfügen (Vgl. Kapitel 4.2.1.2), sind in diesem Projekt auch diejenigen Kinder als Paten aktiv, die selbst noch ihre deutschen Sprachkenntnisse verbessern müssen.[78] Somit unterstützt das Projekt beide Seiten, das heißt sowohl den Lesepaten als auch das Patenkind, bei der sprachlichen Integration.

4.2 MENTORINGPROJEKTE FÜR JUGENDLICHE

Vor allem Jugendliche mit Migrationshintergrund haben Schwierigkeiten damit einen Ausbildungsplatz im Betrieb zu bekommen. Das zeigt sich daran, dass im Jahr 2005 nur ein Viertel der Jugendlichen mit Migrationshintergrund eine betriebliche Ausbildung begonnen hat.[79] In Mentoringprojekten finden deshalb insebsondere Schüler mit Migrationshintergrund im Übergang von der Schule in die Ausbildung eine kompetente Hilfe. Hierbei geht es, neben der Verbesserung der Schulnoten, um die Vermittlung von sozialen Kompetenzen, um die Information über die große Auswahl an Ausbildungsberufen und letztlich natürlich auch

---

[78] Vgl. FreiwilligenAgentur Regensburg (o.A.), S. 4.
[79] Vgl. Ehlers 2007, S. 16.

um die professionelle Hilfeleistung und Begleitung bei der Suche nach einem Ausbildungsplatz.[80]

4.2.1 MENTORINGPROJEKT „HÜRDENSPRINGER"

Das Mentoringprojekt „Hürdenspringer" ist ein Freiwilligenprojekt des Unionhilfswerkes und wird gegenwärtig unter anderem vom Bundesministerium für Arbeit und Soziales und vom Europäischen Sozialfond finanziert.[81] Das Projekt wurde vor einem Jahr in Neukölln, ein Bezirk der Stadt Berlin, gegründet. In diesem Stadtviertel lebt ein Großteil von Menschen, die einen Migrationshintergrund haben und zudem seit längerer Zeit arbeitssuchend sind. Das Mentorenprojekt „Hürdenspringer", welches bis Dezember 2011 noch durchgeführt wird, möchte vor allem den jungen Menschen in diesem Bezirk Perspektiven aufzeigen, weil viele Jugendliche noch nicht wissen, was sie nach der Schule für einen Beruf erlernen möchten. In diesem Zusammenhang engagiert sich das Projekt speziell für Schüler aus sozial-schwachen Zuwanderungsfamilien beim Übergang vom Schul- ins Berufsleben. Beim Übergang von der Schule in den Beruf ist es wichtig, dass Schüler, die in ihrem familiären Umfeld keine Berufsvorbilder haben, extern welche bekommen. Die Vorbilder sollen ihnen dabei helfen, dass sie bei der Hürde „Beruf" angemessen unterstützt werden. Ein weiteres Ziel des Projektes besteht darin, Firmen davon zu überzeugen, Ausbildungen für Jugendliche mit Migrationshintergrund anzubieten.

Damit eine professionelle Betreuung durch den Mentor gewährleistet werden kann, werden die Mentoren vor Beginn des Mentoring auf ihre Arbeit mit ihrem Mentee mithilfe von Einstiegsqualifizierungen vorbereitet und während des gesamten Projektes durch das Projektteam begleitet und intern sowie extern evaluiert. Zudem werden, neben den Einzeltreffen zwischen Mentor und Mentee, gelegentlich Gruppenaktivitäten im kulturellen Bereich unternommen, um die Beziehung zwischen den Mentoren und den Mentees zu verbessern und zu festigen.

---

[80] Vgl. Zwania 2008, S. 31f.

[81] Ich beziehe mich in der folgenden Projektvorstellung auf den aktuellen Projektstand des Projektes Hürdenspringer; (Mentoringrojekt Hürdenspringer 2010) und auf das Kurzportrait des Projektes Hürdenspringer, URL: http://aktion-zusammen-wachsen.de/index.php?id=110&pid=32 (Stand: 28.07.2010); (Beauftragte der Bundesregierung für Migration, Flüchtlinge und Integration 2010³).

Laut des Projektstandes vom Juli 2010 gibt es aktuell 43 Mentoren und 37 Mentees. Die 43 Mentoren sind zwischen 25 und 73 Jahre alt, kommen aus verschiedensten Berufsfeldern oder befinden sich noch im Studium und sind den Jugendlichen über einen Zeitraum von mindestens einem Jahr behilflich. Die Aufgabe der Mentoren ist, dass sie zunächst ihre Mentees über die Voraussetzungen und Möglichkeiten, die das Berufsleben mit sich bringt, informieren. Wenn die Schüler sich dann über ihre eigenen Fähigkeiten und ihrem Berufswunsch im Klaren sind, werden gemeinsam geeignete Ausbildungsstellen herausgesucht, beim Schreiben der Bewerbungen geholfen und Vorstellungsgespräche vorbereitet. Diese Art von Begleitung stärkt das Selbstbewusstsein der Jugendlichen, welches wiederum die Entwicklung einer Ausbildungsreife fördert. Die 37 Mentees besuchen die neunte oder zehnte Klasse in einer der zwei Realschulen in Nord-Neukölln, mit denen das Projekt kooperiert. Von den 37 Mentees des gegenwärtigen Projektdurchgangs konnten alle bessere Schulnoten erreichen. Zudem besuchen derzeit 12 von ihnen eine weiterführende Schule zur Ausbildungsvorbereitung oder um das Abitur zu absolvieren. Ferner konnten zwei Mentees bereits ihren Ausbildungsplatz finden, während sieben weitere Mentees noch auf der Suche nach einer Ausbildung sind. Insgesamt konnten demzufolge 21 von 37 Mentees durch das Projekt positive Ergebnisse erzielen.

Die Beschreibung und die aktuellen Ergebnisse des Projektes „Hürdenspringer" zeigen, dass sie einen Beitrag zur Integration im Handlungsfeld Beruf leistet. Außerdem fördert das Projekt aber auch den Integrationsprozess auf kultureller Ebene. Diese Förderung findet in Form von regelmäßigen Treffen des Mentorenpaares statt, die als interkulturelle Begegnungen verstanden werden können. Interkulturelle Begegnungen ermöglichen es, dass sich auf beiden Seiten ein Verständnis für die andere Lebensweise entwickelt. Zusammenfassend kann demzufolge konstatiert werden, dass das Projekt „Hürdenspringer" die Integrationschancen von jungen Migranten vor allem im Handlungsfeld Beruf fördert. Gleichermaßen werden aber auch die Beziehungen zwischen den Generationen und Menschen unterschiedlicher Herkunft verbessert, indem sie einen Einblick in andere Lebenswelten bekommen, welcher wiederum die Toleranz gegenüber fremden Lebenswelten stärkt. Demnach unterstützt das Projekt auch die kulturelle Integration im Handlungsfeld Gesellschaft.

4.2.2 Mentoringprojekt „Neue Wege in den Beruf"

Die Ausbildungsbeteiligung von weiblichen Jugendlichen mit Zuwanderungshintergrund liegt bereits seit einigen Jahren unter 25 Prozent. Trotz besserer Schulabschlüsse und -leistungen, haben sie, im Vergleich zu männlichen Jugendlichen mit Zuwanderungshintergrund, größere Schwierigkeiten einen Ausbildungsplatz zu bekommen. Hinzu kommt die Tatsache, dass junge Frauen mit Migrationshintergrund sich in ihrer Berufswahl auf eine geringe Anzahl von verschiedenen Ausbildungsberufen beschränken. Konkret heißt das, dass fast die Hälfte von den jungen Frauen mit Zuwanderungsgeschichte sich in lediglich fünf Berufen befinden, was daraus resultiert, dass ihnen, teilweise zumindest, andere Berufsfelder unbekannt sind.[82] Sie können auf diese Weise nicht die Möglichkeiten ausschöpfen, die der Ausbildungsmarkt zu bieten hat.

Damit die beruflichen Erfolge junger Frauen mit Migrationshintergrund erhöht werden können, wurde vor drei Jahren das Mentoringprojekt „Neue Wege in den Beruf" durch das Ministerium für Generationen, Familien, Frauen und Integration des Landes Nordrhein-Westfalen geschaffen. Um die beruflichen Chancen für die jungen Frauen mit Zuwanderungsgeschichte zu verbessern, hat sich das Projekt das Ziel gesetzt, sie beim Wechsel von der Schule in die Ausbildung bzw. in das Studium zu unterstützen, damit sie einen, ihren Leistungen angemessenen, Ausbildungs- bzw. Studienplatz finden. In dieser Hinsicht ist es wichtig, dass ihnen kompetent geholfen wird. Diese Hilfe erfolgt durch Mentorinnen, die ihren Mentees, Schülerinnen der neunten bis zwölften Klasse mit guten Schulnoten, nicht nur Einblicke in die Berufswelt ermöglichen, sondern auch relevante Kontakte zu Unternehmen herstellen und ihr Wissen aus den Bereichen Studien- und Berufswahl weitergeben. Das Projekt mit dem Träger „Zentrum Frau in Beruf und Technik" verfolgt schließlich das Ziel, dass die Mentees am Ende des Projektes, also nach einem ganzen Schuljahr, eine Lösung für sich im Übergang von der Schule in den Beruf bzw. in das Studium finden. Sowohl die Mentorinnen als auch die Mentees können durch die professionelle Begleitung des Projektteams wertvolle Erfahrungen sammeln und werden im Rahmen des Projektes auf

---

[82] Vgl. Zentrum Frau in Beruf und Technik (o.A.), S. 3f.

Veranstaltungen zu den Themen Migration, Beruf und Gleichstellung umfassend informiert.[83]

Aus der Evaluation des Projektes von 2009 geht hervor, dass sich durch das Mentoring für nahezu alle der 95 Mentees, die 2007 an dem Projekt teilnahmen, die Berufsorientierung positiv entwickeln hat. Darüber hinaus wurde festgestellt, dass sich die Kenntnisse über die deutsche Kultur bei den Mentees um Einiges während der Projektzeit erweitert haben.[84]

Die Vorstellung, die Zielsetzungen und auch die Evaluation des Projektes haben gezeigt, dass das Projekt „Neue Wege in den Beruf" wesentlich zur Integration in den Handlungsfeldern Beruf und Gesellschaft beiträgt. Wie bereits aus der Darstellung des Projektprofils hervorgegangen ist, bildet die Zielgruppe des Projektes junge Migrantinnen, die sich im Übergang zwischen Schule und Ausbildung bzw. Studium befinden. Sie setzen sich auf diese Weise für die berufliche Integration von jungen Frauen ein und verbessern dabei gleichzeitig die Lebenssituation der Frauen. Darüber hinaus wurde in der Evaluation konstatiert, dass sich die kulturellen Kenntnisse über Deutschland bei den Mentees innerhalb des Projektes verbessert hatten. Insofern trägt dieses Projekt im Handlungsfeld Gesellschaft ebenso zur kulturellen Integration bei.

4.3 ZUSAMMENFASSENDE BETRACHTUNG DER ANALYSE

In der Analyse wurden sechs Patenschafts- bzw. Mentoringprojekte für Kinder und Jugendliche mit Migrationshintergrund untersucht. Als Ergebnis aus der Analyse kann festgehalten werden, dass alle untersuchten Patenschafts- und Mentoringprojekte ihren Beitrag zur Integration leisten. So hat es im Rahmen der Analyse kein Patenschafts- bzw. Mentoringprojekt für Kinder und Jugendliche mit Migrationshintergrund gegeben, die in keinster Weise den Integrationsprozess unterstützen. Das bedeutet, dass jedes Patenschafts- bzw. Mentoringprogramm zumindest in einem Handlungsfeld die Integration von Kindern und Jugendlichen mit Zuwanderungshintergrund fördert. Während die Bildungspatenschaften, wie bereits aus dem Namen hervorgeht, die Integration vorwiegend im Bereich

---

[83] Vgl. Zentrum Frau in Beruf und Technik (o.A.), S. 3ff.

[84] Vgl. Ministerium für Generationen, Familie, Frauen und Integration des Landes Nordrhein-Westfahlen 2009, S. 12.

Bildung fördern, steht bei den Lesepatenschaften hingegen der sprachliche Aspekt im Integrationsprozess im Vordergrund. In den Mentoringprojekten für Jugendliche mit Zuwanderungshintergrund wird ein Beitrag zur Integration im Handlungsfeld Beruf geleistet, indem sie den Jugendlichen beim Übergang von der Schule in den Beruf unterstützend zur Seite stehen. Die Unterstützung im Integrationsbereich Beruf ist hierbei auch von großer Bedeutung für die gesellschaftliche Integration, weil im Arbeitsverhältnis das Gemeinschaftswesen gestärkt wird und außerdem oftmals private Kontakte geknüpft werden können. Ferner konnte in der Analyse festgestellt werden, dass in vier der insgesamt sechs Patenschafts- bzw. Mentoringsprogramme die kulturelle Integration positiv beeinflusst wird, was die Wichtigkeit dieses gesellschaftlichen Integrationsaspektes hervorhebt. Zudem lagen zum Zeitpunkt der Untersuchung in vier von sechs Projekten sogar Ergebnisse vor, dass die Zielsetzungen erfolgreich realisiert werden konnten. In der folgenden Tabelle (Tab. 1) werden die hier verbalisierten Analyseergebnisse nochmals veranschaulicht.

Auch wenn die Untersuchung ergeben hat, dass alle Patenschafts- bzw. Mentoringprojekte den Integrationsprozess in den essentiellen Bereichen der Integration fördern, heißt das nicht, dass das für alle Patenschafts- und Mentoringprojekte für Kinder und Jugendliche mit Migrationshintergrund im Allgemeinen zutrifft. Schließlich repräsentiert die Untersuchung nur eine geringe Auswahl von Patenschafts- bzw. Mentoringprojekten für Kinder und Jugendliche mit Migrationshintergrund.

Projekte	Handlungsfelder	Sprache	Bildung	Beruf	Gesellschaft		
					Integration vor Ort	kulturelle Integration	Gleichstellung Mann-Frau
Bildungs-patenschaften	Bildung für alle!		x		x		
	Ağabey - Abla	x	x		x	x	
Lese-patenschaften	LiA - Lesen in Altona	x	x		x	x	
	MärchenKinder	x			x		
Mentoring-projekte	Hürdenspringer			x	x	x	
	Neue Wege in den Beruf			x	x	x	x

Tab. 1 – *Übersicht der untersuchten Projekte bezüglich der jeweils verfolgten Handlungsfelder*

(eigene Darstellung)

5 FAZIT

Das Ziel dieser Arbeit war es mittels einer Analyse festzustellen, ob und inwiefern Patenschafts- und Mentoringprojekte, die sich primär an Kinder und Jugendliche mit Migrationshintergrund richten, die Integration unterstützen. Hierfür wurden exemplarisch sechs Mentoring- bzw. Patenschaftsprojekte für Kinder und Jugendliche mit Zuwanderungshintergrund untersucht (Vgl. Kapitel 4).

Vor der Analyse erfolgte jedoch zunächst eine Einführung in die Thematik, indem auf zentrale Begriffe dieser Thematik eingegangen wurde (Vgl. Kapitel 2). Im Anschluss daran wurden die Handlungsfelder von Integration ausführlich dargestellt, die die Grundlage für die Analyse dieser Arbeit waren (Vgl. Kapitel 3). Schließlich wurden in der Analyse ausgewählte Patenschafts- und Mentoringprojekte für Kinder und Jugendliche mit Migrationshintergrund hinsichtlich ihrer Integrationsfunktion untersucht.

Aus der Untersuchung resultierte, dass alle Patenschafts- bzw. Mentoringprojekte, die im Rahmen der Arbeit analysiert wurden, mindestens in einem Handlungsfeld von Integration den Integrationsprozess fördern und demzufolge auch ihre Integrationsfunktion erfüllen, die ihnen in der Literatur zugesprochen wird.

Zusammenfassend muss festgehalten werden, dass trotz der positiven Ergebnisse, die aus der Analyse hervorgegangen sind, der Erfolg von Mentoring- und Patenschaftsprogramme nicht ausschließlich durch die Zielsetzungen des Programms garantiert werden kann. Sowohl beim Mentoring als auch bei einer Patenschaft sind ebenso die mitgebrachten sozialen Fähigkeiten sowie die Qualität und die Dauer des Mentoring bzw. der Patenschaft von zentraler Bedeutung. Schließlich entscheiden diese Faktoren mit darüber, ob Mentoring bzw. eine Patenschaft gelingt oder eher misslingt.[85] Das bedeutet wiederum, dass der Erfolg in entscheidendem Maße vom Mentoren- bzw. Patenschaftspaar selbst abhängig ist. Einerseits spielt hierbei das Engagement von den Paten bzw. Mentoren eine Rolle, die innerhalb der Projekte als Vorbilder, Motivatoren, Lehrer und Begleiter agieren. Andererseits ist aber auch die Bereitschaft des Patenkin-

---

[85] Vgl. Regionale Servicestelle Berlin der Aktion zusammen wachsen / Bundesarbeitsgemeinschaft der Freiwilligenagenturen (bagfa) e.V. 2010, S. 14.

des bzw. des Mentees von großer Bedeutung. Wenn das Patenkind bzw. der Mentee den Willen hat sich zu verbessern und demnach dem Projekt positiv gegenübertritt, ist die Realisierung der Ziele, die mit dem Projekt verfolgt werden, umso leichter. Schließlich heißt es in einem bekannten Sprichwort: *„Wo ein Wille ist, ist auch ein Weg!"*

LITERATURVERZEICHNIS

Agentur :ehrensache / Polat, Ayca (o.A.):

Konzept Bildungspaten „Bildung für alle!". URL: http://www.oldenburg.de/stadtol/fileadmin/oldenburg/Benutzer/PDF/21/ehrensache/Konzept_Bildungspaten_OEffentlichkeitsarbeit.pdf (Stand: 24.07.2010).

Alborino, Roberto / Zwania, Isabell (Hrsg.) (2008):

Begegnen, Mitverantworten, Mitgestalten. Patenschaftsmodelle für Kinder und Jugendliche mit Migrationshintergrund. Freiburg im Breisgau.

Beauftragte der Bundesregierung für Ausländerfragen (Hrsg.) (2000):

Handbuch zum interkulturellen Arbeiten im Gesundheitsamt. Bonn. URL:

http://www.bundesregierung.de/Content/DE/Publikation/IB/Anlagen/handbuch-zum-interkulturellen-arbeiten,property=publicationFile.pdf (Stand: 21.07.2010).

Becker, Susanne / Schüler, Bernd (2007):

Der Mentor macht's – besser? Potenziale, Risiken und Grenzen von Mentoring-Projekten für sozial belastete Kinder und Jugendliche – Evaluationen und Erfahrungen aus angelsächsischen Ländern. In: Sozial Extra – Zeitschrift für Soziale Arbeit und Sozialpolitik Online. Heft 3-4 / 2007. URL: http://www.vsjournals.de/pdf/se-digital2007_becker_schueler_64182.pdf (Stand: 23.07.2010).

Bundesamt für Migration und Flüchtlinge (Hrsg.) (2009):

Integration in Deutschland. Die Integrationsarbeit des Bundesamtes für Migration und Flüchtlinge. Jahresbericht 2008. Paderborn. URL: http://www.integration-in-deutschland.de/cln_110/nn_283736/SharedDocs/Anlagen/DE/Integration/Publikationen/Sonstige/jahresbericht2008-integration,templateId=raw,property=publicationFile.pdf/jahresbericht2008-integration.pdf (Stand: 22.07.2010).

Bundesamt für Migration und Flüchtlinge / Stiftung Bürger für Bürger (Hrsg.) (2009):

Engagiert für Integration. Düsseldorf. URL: http://www.integration-in-deutschland.de/cln_110/SharedDocs/Anlagen/DE/Integration/Publikationen/Integrationsprogramm/EngagiertFuerIntegration,templateId=raw,property=publica tionFile.pdf/EngagiertFuerIntegration.pdf (Stand: 21.07.2010).

Bundesamt für Migration und Flüchtlinge (2010):

Bildung. URL: http://www.integration-in-deutschland.de /cln_110/nn_283080/SubSites/Integration/DE/03__Akteure/Programm/Bildung/bildung-node.html?__nnn=true (Stand: 19:07.2010).

Bundesamt für Migration und Flüchtlinge (2010)[2]:

Gesellschaftliche Integration. URL: http://www.integration-in-deutschland.de/cln_110/nn_283080/SubSites/Inte-gration/DE/03__Akteure/Programm/Gesellschaft/gesellschaft-node.html?__nnn=true (Stand: 19.07.2010).

Bundesamt für Migration und Flüchtlinge (2010)[3]:

Sprachliche Bildung. URL: http://www.integration-in-deuschland.de/cln_110/nn_281574/SubSites/Integration/DE/03__Akteure/Programm/SprachBildung/sprachbildung-inhalt-d.html?__ nnn=true (Stand: 19.07.2010).

Bundesamt für Migration und Flüchtlinge (2010)[4]:

Übergreifende Themen. URL: http://www.integration-in-deutschland.de/cln_110/nn_283314/SubSites/Integration/DE/03__Akteure/Programm/Themen/themen-node.html?__nnn=true (Stand: 19.07.2010).

Büttner, Christian / Kohte-Meyer, Irmhild (2002):

Am wichtigsten die Sprache... Erkundungen zur Bedeutung von Sprache im Migrationsprozess. Frankfurt am Main.

Der Beauftragte des Berliner Senats für Integration und Migration (Hrsg.) (2005):

Vielfalt fördern – Zusammenhalt stärken. Das Integrationskonzept für Berlin. Berliner Beiträge zur Integration und Migration. Berlin.

Deutsch- Türkisches Forum Stuttgart (o.A.):

Flyer zum Programm „Ağabey – Abla". URL: http://www.dtf-stuttgart.de/ (Stand: 25.07.2010).

Die Beauftragte der Bundesregierung für Migration, Flüchtlinge und Integration (Hrsg.) (2009):

Bildungspatenschaften unterstützen – Eine Investition in die Zukunft. Brüggen. URL:http://www.aktion-zusammen-wachsen.de/data/downloads/ webseiten/Imagebroschuere_barrierefrei.pdf (Stand: 21.07.2010).

Die Beauftragte der Bundesregierung für Migration, Flüchtlinge und Integration (Hrsg.) (2009)[2]:

Interkulturelle Patenschaftsprojekte. Eine Orientierungshilfe für die Begleitung von Patinnen und Paten. Berlin. URL: http://www.aktion-zusam-men-wachsen.de/data/downloads/webseiten/Leitfaden_Integration_BF.pdf (Stand: 20.07.2010).

Die Beauftragte der Bundesregierung für Migration, Flüchtlinge und Integration (Hrsg.) (2009)[3]:

Leitfaden für Patenschaften. Aachen. URL: http://www.aktion-zusammen-wachsen.de/data/downloads/webseiten/_Patenleitfaden_gesamt _Nachdruck.pdf (Stand: 18.07.2010).

Die Beauftragte der Bundesregierung für Migration, Flüchtlinge und Integration (2010):

Kurzportrait des Projekts „Ağabey – Abla". URL: http://aktion-zusammen-wachsen.de/index.php?id=110&pid=19 Stand: 25.07.2010).

Die Beauftragte der Bundesregierung für Migration, Flüchtlinge und Integration (2010)[2]:

Kurzportrait des Projektes „Bildung für alle!". URL: http://aktion-zusammen-wachsen.de/index.php?id=110&pid=40 (Stand: 24.07.2010).

Die Beauftragte der Bundesregierung für Migration, Flüchtlinge und Integration (2010)[3]:

Kurzportrait des Projektes „Hürdenspringer". URL: http://www.aktion-zusammen-wachsen.de/index.php?id=110&pid=32 (Stand: 28.07.2010).

Die Beauftragte der Bundesregierung für Migration, Flüchtlinge und Integration (2010)[4]:

Kurzportrait des Projektes „LiA – Lesen in Altona". URL: http://aktion-zusammen-wachsen.de/index.php?id=110&pid=28 (Stand. 26.07.2010).

Ehlers, Jan / Kruse, Nikolas (Hrsg.) (2007):

Jugend-Mentoring in Deutschland. Patenschaftsprogramme im Handlungsfeld Berufsorientierung und Berufswahl. Norderstedt.

Ehlers, Jan (2007):

Mentoring im Prozess der Berufsorientierung – eine theoriegeleitete Analyse seiner Möglichkeiten. In: Ehlers, Jan / Kruse, Nikolas (Hrsg.) (2007): Jugend-Mentoring in Deutschland. Patenschaftsprogramme im Handlungsfeld Berufsorientierung und Berufswahl. Norderstedt, S. 13-141.

Esch, Dominik (2008):

Grundlagen und Wirkung von Patenschaftsprogrammen. In: Alborino, Roberto / Zwania, Isabell (Hrsg.) (2008): Begegnen, Mitverantworten, Mitgestalten. Patenschaftsmodelle für Kinder und Jugendliche mit Migrationshintergrund. Freiburg im Breisgau, S. 89-101.

FreiwilligenAgentur Regensburg (o.A.):

Integrationsprojekt „MärchenKinder" der FreiwilligenAgentur Regensburg in Kooperation mit der Napoleonstein-Grundschule. URL: http://www.freiwilligen agentur-regensburg.de/index.php?eID=tx_nawsecuredl&u=0&file=fileadmin/ u-ser_upload/Freiwilligen_Agentur_Regensburg/Dokumente/MaerchenKinder/m aerchenkinder.pdf&t=1280937813&hash=e8b8da173872f0b024bc72b fe67a2c33 (Stand: 27.07.2010).

Huth, Susanne (2008):

Patenatlas. Berlin. URL: http://aktion-zusammen-wachsen.de/data/downloads /webseiten/080710_Bericht_Patenatlas_web_navi.pdf (Stand: 22.07.2010).

Krell, Wolfgang (2008):

Auf dem Weg zur Bürgergesellschaft – Bürgerschaftliches Engagement im Rahmen von Patenschaftsprojekten. In: Alborino, Roberto / Zwania, Isabell (Hrsg.) (2008): Begegnen, Mitverantworten, Mitgestalten. Patenschaftsmodelle für Kinder und Jugendliche mit Migrationshintergrund. Freiburg im Breisgau, S.51-88.

Konsortium Bildungserstattungsbericht (Hrsg.) (2006):

Bildung in Deutschland. Ein indikatorengestützter Bericht mit einer Analyse zu Bildung und Migration. Bielefeld. URL: http://www.bildungsbericht.de/daten /gesamtbericht.pdf (Stand: 18.07.2010).

Lange, Dirk (2009):

Migrationspolitische Bildung. Das Bürgerbewusstsein in der Einwanderungsgesellschaft. In: Lange, Dirk / Polat, Ayça (Hrsg.) (2009): Unsere Wirklichkeit ist anders. Migration und Alltag. Perspektiven politischer Bildung.   [= Schriftenreihe Band 1001 der Bundeszentrale für politische Bildung] Bonn, S.163-175.

Lange, Dirk / Polat, Ayça (Hrsg.) (2009):

> Unsere Wirklichkeit ist anders. Migration und Alltag. Perspektiven politischer Bildung.[= Schriftenreihe Band 1001 der Bundeszentrale für politische Bildung] Bonn.

LISUM (Landesinstitut für Schule und Medien Berlin-Brandenburg) (o.A.):

> Warum ist es so wichtig, den Kindern vorzulesen? URL: http://bildungsserver.berlin-branden-burg.de/lesepaten-frage_1.html (Stand: 25.07.2010).

Mentoring-Projekt Hürdenspringer (2010):

> Der aktuelle Projektstand. URL: http://www.huerdenspringer.unionhilfswerk.de/dokumente/projektstand_huerdenspringer_120710.pdf(Stand: 28.07.2010).

Ministerium für Generationen, Familie, Frauen und Integration des Landes Nordrhein-Westfahlen (Hrsg.) (2009):

> Neue Wege in den Beruf. Mentoring für junge Frauen mit Zuwanderungsgeschichte. Bottrop. URL:http://www.mentoring-neue-wege.de/dokumente/neue_wege_in_den_beruf_Veroeffentlichung.pdf (Stand: 29.07.2010).

Naujok, Natascha (2008):

> Externe Mentoren- und Paten-Programme an Grundschulen – eine Antwort auf Chancenungleichheit? In: Ramseger, Jörg / Wagener, Matthea (Hrsg.) (2008): Chancenungleichheit in der Grundschule. Ursachen und Wege aus der Krise. Wiesbaden, S. 139-142.

Presse- und Informationsamt der Bundesregierung / Die Beauftragte der Bundesregierung für Migration, Flüchtlinge und Integration (Hrsg.) (2007):

> Der Nationale Integrationsplan. Neue Wege – Neue Chancen. Baden-Baden. URL:http://www.bundesregierung.de/Cotent/DE/Publikation/IB/Anlagen/nationaler-integrationsplan,property=publicationFile.pdf (Stand: 23.07.2010).

Projektleitung LiA und Lesen im Kölibri / GWA St. Pauli e.V. (o.A.):

Konzept LiA. URL: http://www.lesen-in-altona.de/resources/konzept-lia.pdf (Stand:25.07.2010).

Regionale Servicestelle Berlin der Aktion zusammen wachsen / Bundesarbeitsgemeinschaft der Freiwilligenagenturen (bagfa) e.V. (2010):

Berlin gewinnt 1:1.Ein Überblick über Berliner Patenschafts- und Mentoringprojekte. Berlin.

Steinbach, Anja (2009):

Welche Bildungschancen bietet das deutsche Bildungssystem für Kinder und Jugendliche mit Migrationshintergrund? [= Nr.37, Schriftenreihe des Interdisziplinären Zentrums für Bildung und Kommunikation in Migrationsprozessen (IBKM), hrsg. von Leiprecht, Rudolf u.a.] Oldenburg.

Zentrum Frau in Beruf und Technik (o.A.):

Neue Wege in den Beruf – Mentoring für junge Frauen mit Zuwanderungsgeschichte. Informationen zum Programm. URL: http://www.mentoring-neue-wege.de/images/stories/File/Projektinfo Neue Wege in den Beruf_v2_0.pdf (Stand: 29.07.2010).

Zwania, Isabell (2008):

Patenschaftsprojekte der Caritas für Kinder und Jugendliche mit Migrationshintergrund – Eine Auswertung. In: Alborino, Roberto / Zwania, Isabell (Hrsg.) (2008): Begegnen, Mitverantworten, Mitgestalten. Patenschaftsmodelle für Kinder und Jugendliche mit Migrationshintergrund. Freiburg im Breisgau, S. 13-69.

Auftragsart: Verlagsauslieferung

Auftragsnummer: CO7197692_2776532
Los 8015 004/004
Fach Cover: 0 Fach Jacket: 0 Fach CS: 0
Kunde: Brockhaus / Commission GmbH

Autor: Kautza Carolin
Titel: Integrationsfunktionen von Mentoring- und Patenschaftsprojekten
Verlag: Bachelor + Master Publishing
ISBN: 978-3-955-49010-2

Kopien: 7 / Total: 7
Buchbinder:
Rueckeneinlage: 0.68 cm x 27.60 cm
Deckelpappe: 18.6 cm x 27.6 cm

Kommentar:
VA CS 15.1 Nuv12/ig2/ig11 matt - ColorSplitBook

Artikelnummer: 0015490262
Auftragsnummer: CO7197692_2776532
Papierfarbe: white
Anzahl der Seiten: 46
Anzahl der Farbseiten: 1
Seitendicke: 0.120 mm/Blatt
Buchdicke: 2.76 mm
Laminat: Matt
Buchblockformat: 19.0 cm x 27.0 cm, Fach Fach 6
Kopfschnittmass: 2.85 cm
Rueckeneinlage: 0.68 cm x 27.60 cm
Schruecken: ---
Stalin: ---
Lesebaendchen:
Kapitalband: ---
Schutzumschlag: ---